Schreibtrainer 2

Texte planen, schreiben, überarbeiten und präsentieren – Bildungsstandards erreichen

Erarbeitet von

Christine Berthold
Gisela Dorst
Sabine Krönert

Illustriert von

Stefanie Jeschke

Cornelsen

Kapitel 1: Schreibideen entwickeln

Kapitel 2: Die Ordnung von Texten erkennen und für das eigene Schreiben nutzen

Kapitel 3: Gezielt sprachliche und gestalterische Mittel nutzen

Inhalt

Kapitel 4: Kreatives Schreiben

Kapitel 5: Texte kriterienbezogen überarbeiten und präsentieren

Heftaufgabe   Partneraufgabe   ✲ Zusatzaufgabe

Mein Ferienkoffer

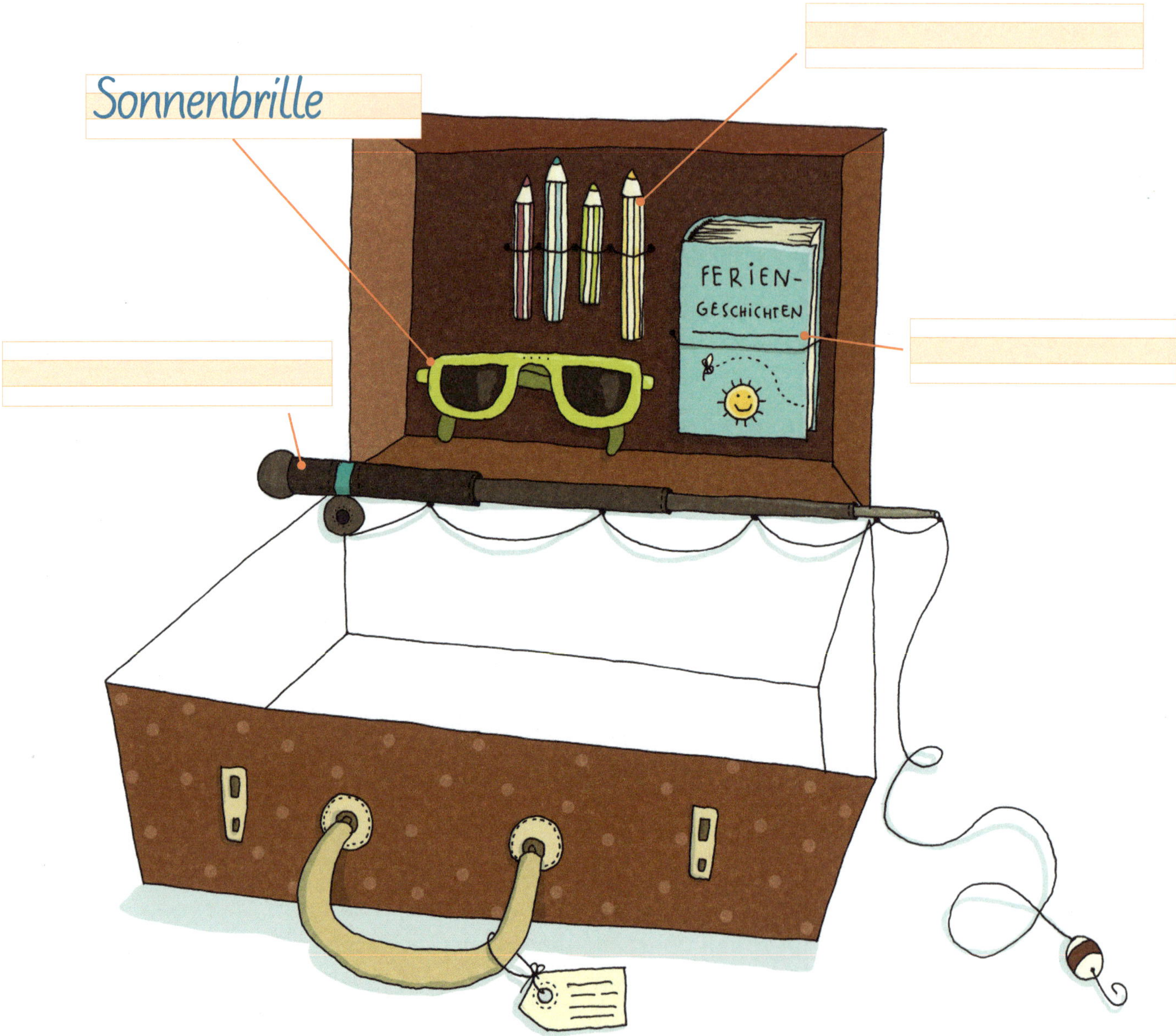

Schließe die Augen und stelle dir deinen Ferienkoffer vor.

1. Schreibe die Wörter zu den Bildern im Koffer.
2. Male weitere passende Dinge in den Koffer und schreibe die Wörter dazu.

Welche Wörter fallen dir ein?

von einem Bildimpuls ausgehend Schreibideen auf der Wortebene entwickeln

Hier kannst du ein Abc mit Ferienwörtern schreiben.

Mein Ferien-Abc

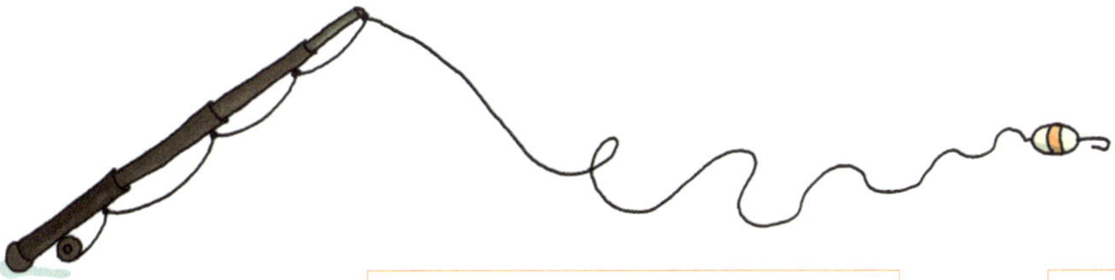

A		M	
B		N	
D	Decke	O	
E		P	
F		R	Rucksack
G		S	
H		T	
I		U	
J		V	
K		W	
L	Lagerfeuer	Z	

1. Schreibe zu möglichst vielen Buchstaben jeweils ein Ferienwort.

✲ Schreibe zu fünf Gegenständen jeweils einen Satz.

das Alphabet als Hilfe zum Finden von Schreibideen auf der Wortebene nutzen

So wohne ich

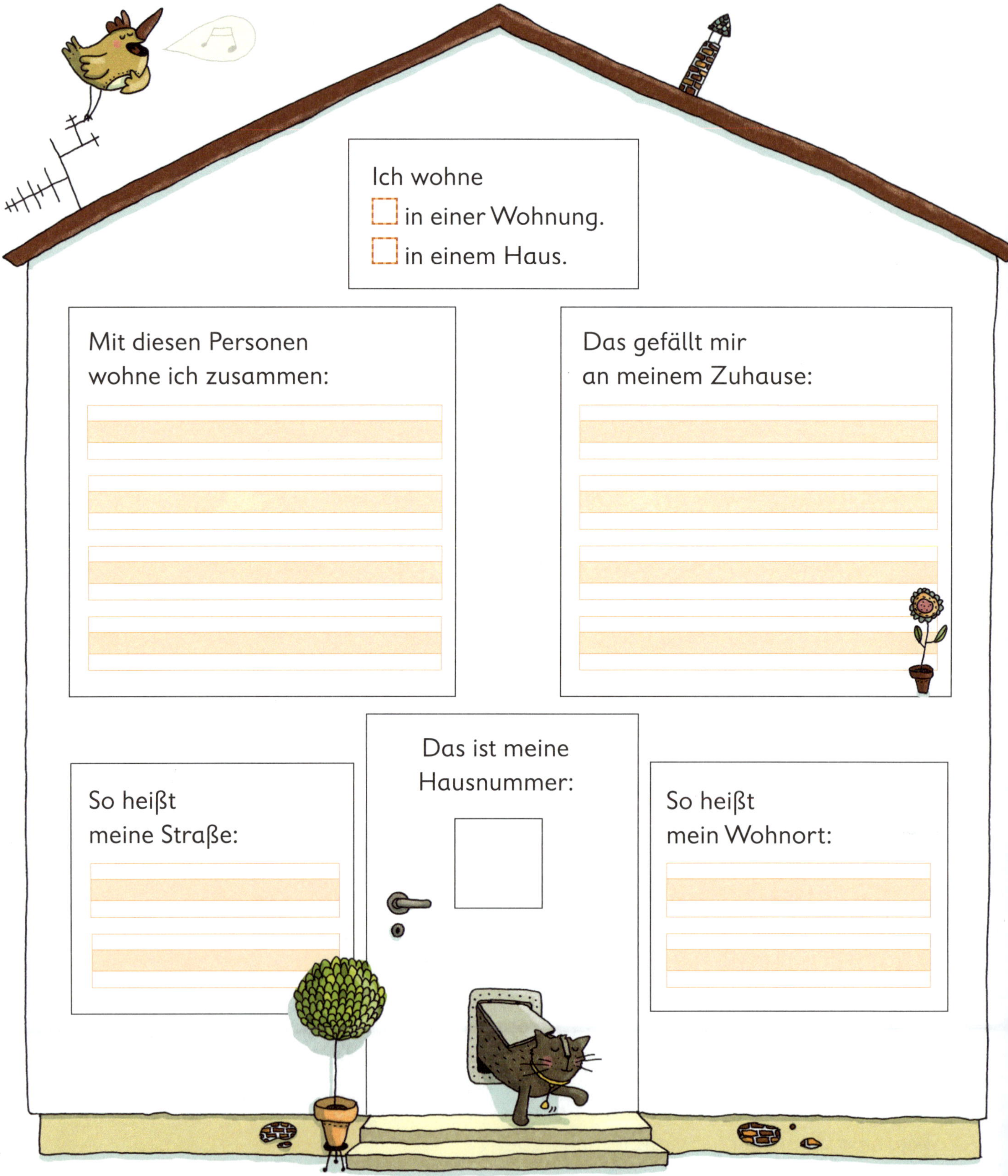

Ich wohne
- [ ] in einer Wohnung.
- [ ] in einem Haus.

Mit diesen Personen wohne ich zusammen:

Das gefällt mir an meinem Zuhause:

So heißt meine Straße:

Das ist meine Hausnummer:

So heißt mein Wohnort:

1. Kreuze passend an und schreibe in die Fenster.

Hier kannst du Sätze darüber schreiben, wie du wohnst.

Mein Zuhause

Ich wohne in ____________________

Meine Straße heißt ____________________

Ich wohne dort mit ____________________

____

Mir gefällt an meinem Zuhause ____________________

____

____

Mir gefällt nicht ____________________

____

____

Das will ich noch erzählen: ____________________

____

____

1. Schreibe die Sätze weiter.

✲ Schreibe auf, was dir an deinem Zimmer besonders gefällt oder nicht gefällt. Male dein Zimmer dazu.

Ich

Ich kann halt nicht umhin,
ich bin so wie ich bin.
Ich kann auch nichts dazu.
Ich bin stets ich, nie du.

Alfons Schweiggert

1. Lies das kleine Gedicht.

2. Wie bist du?
   Unterstreiche Wörter, die zu dir passen.

groß, ernst, Mädchen, Junge, sportlich, lustig

Tierfreund, ängstlich, Leseratte, vorsichtig, fröhlich

nachdenklich, Langschläfer, laut, Frühaufsteher

klein, freundlich, hilfsbereit, geduldig, still

mutig, langhaarig, spaßig, zappelig, musikalisch

schnell, zuverlässig

wild, nett

3. Welche Wörter passen noch zu dir?

stark,

So bin ich

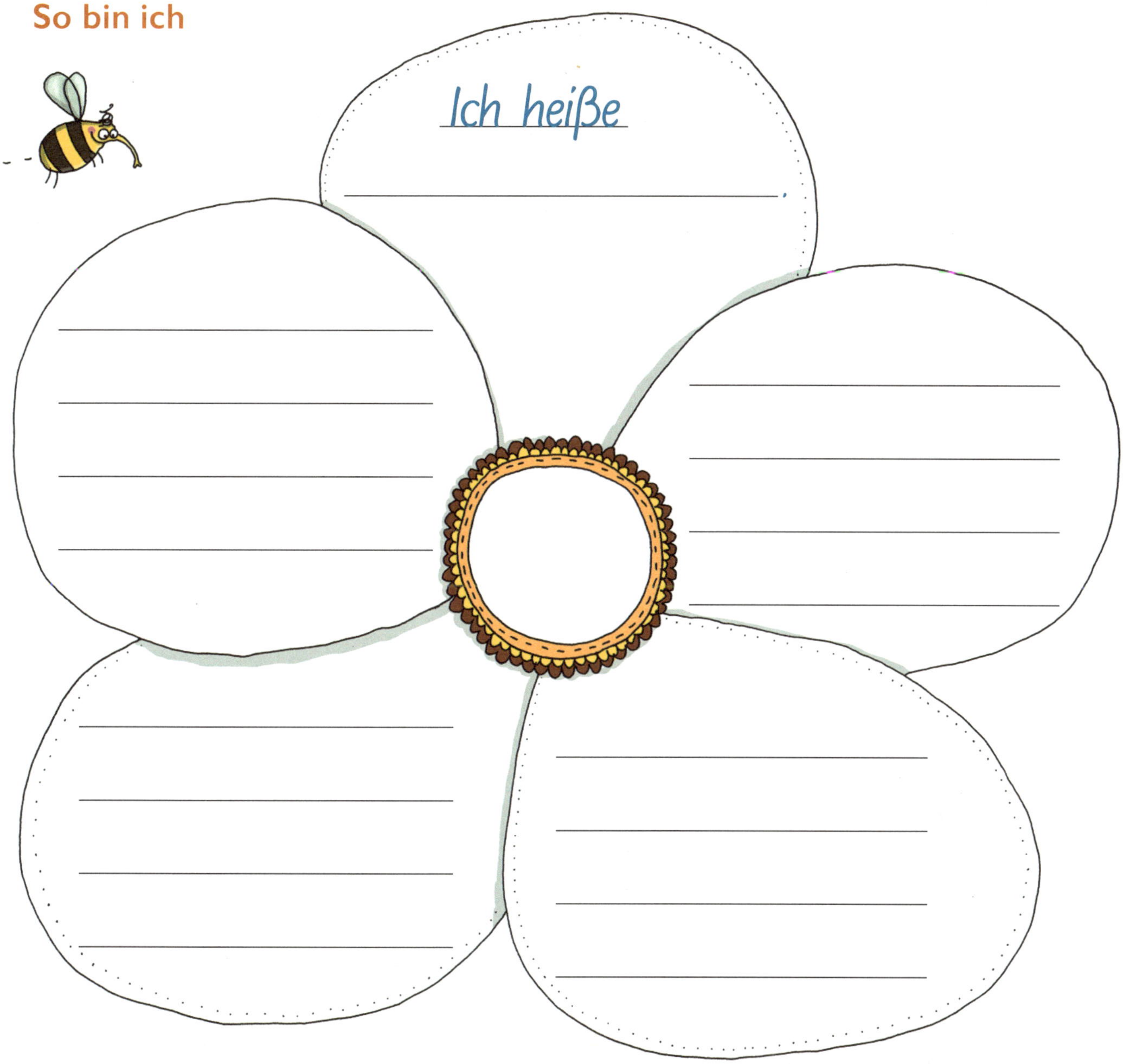

1. Male dich in die Mitte der Blume.
2. Schreibe in jedes Blütenblatt einen Satz über dich.

Diese Satzanfänge können dir helfen!

Meine Geschwister heißen … .
Am liebsten esse ich … .
Wir wohnen in … .
Ich kann gut … .

✲ Was machst du am liebsten? Schreibe drei oder mehr Sätze. Du kannst auch dazu malen.

Ich kann ...

Ich kann Abc-Wörter zu einem Thema finden.

Ich kann mir vor dem Schreiben Wörter zu einem Thema überlegen.

Ich kann schreiben ohne nachzudenken.

Über mich selbst kann ich noch nichts schreiben.

Ich kann aufschreiben, was mir an meinem Zuhause gut gefällt.

Ich kann Sätze über mich weiterschreiben.

Ich kann eigene Sätze über mich schreiben und mich vorstellen.

1. Male die Denkblasen bunt aus, die sagen, was du in diesem Kapitel gelernt hast.

Mein Steckbrief

Name: ______ Straße: ______

Wohnort: ______ Geburtstag: ______

Sternzeichen: ______ Klasse: ______

Das esse ich gern: ______

Das kann ich besonders gut: ______

Das möchte ich lernen: ______

2. Fülle den Steckbrief aus.

Ein Schul-Abc schreiben

Wachsstifte Apfel ~~Computer~~ Zeit Uhr Elternabend
Geburtstag Mathe Deutsch Nachbar Kreide Lehrer

A		M	
B		N	
C	Computer	O	
D		P	
E		R	
F		S	
G		T	
H		U	
I		V	
K		W	
L		Z	

1. Sortiere die Wörter aus dem Kasten richtig in das Abc ein. Finde zu den übrigen Buchstaben selbst passende Wörter.
2. Welche Wörter hat dein Partner gefunden? Vergleicht.

Leos neues Fahrrad

Im Wald macht Leo seine Hausaufgaben.

Zum Glück trifft er zwei Jungen, die ihm helfen.

Die Eltern verbieten Leo, allein in den Wald zu fahren.

Im Wald stürzt Leo mit seinem Fahrrad über einen Ast.

Leo hört nicht auf seine Eltern und fährt heimlich doch hin.

1. Verbinde jedes Bild mit dem passenden Satz.
   Achtung! Ein Satz passt nicht!
2. Streiche den Satz durch, der nicht passt.

Hier kannst du eigene Gedanken zur Geschichte aufschreiben.

Leo kommt nach Hause

1. Was könnten die Eltern denken, als Leo am Abend nach Hause kommt? Schreibe in die Denkblasen.

2. Was würdest du zu Leo sagen?

✻ Schreibe die passenden Sätze von Seite 12 in der richtigen Reihenfolge ab. Du kannst auch einen eigenen Schluss finden.

Über die Igel

So sehen Igel aus

- ☐ Ungefähr 8000 davon tragen sie auf dem Rücken.
- ☐ Igel sind an ihren braunen Stacheln zu erkennen.
- ☐ Nur am Bauch und im Gesicht wachsen ihnen Haare.

Das fressen Igel

- ☐ Doch auch Pflanzen, Beeren und Früchte mögen die Tiere sehr gern.
- ☐ Der Speiseplan der Igel ist sehr groß.
- ☐ Sie fressen gern Schnecken, Insekten und junge Mäuse.

1. Lies die Sätze in jedem Kasten und nummeriere sie in der richtigen Reihenfolge.
2. Schreibe einen der beiden Texte geordnet auf. Denke auch an die Überschrift.

Hier übst du, Sätze in die richtige Reihenfolge zu bringen.

Ein kranker Igel braucht Hilfe

☐ Die Wunden werden mit einem Spray und mit einer Salbe behandelt.

☐ Zum Schluss stellt der Tierarzt fest, ob der Igel Zecken und Flöhe hat.

☐ Danach muss der Igel nach Wunden untersucht werden.

☐ Zuerst wiegt der Tierarzt den Igel, damit er weiß, ob dieser im Freien überwintern kann.

1. Nummeriere die Sätze in der richtigen Reihenfolge.
2. Schreibe die Sätze in der richtigen Reihenfolge auf.
3. Unterstreiche in deinem Text die Wörter, die dir die Reihenfolge der Sätze verraten.

* Schreibe eine kleine Geschichte über einen Igel. Achte darauf, dass die Sätze gut zueinander passen.

Eis-Lollis

- [ ] Gib zwei Teelöffel Puderzucker dazu und rühre gut.
- [ ] Wenn der Saft etwas gefroren ist, stecke in jeden Würfel einen Spieß.
- [ ] Nach drei Stunden sind die Lollis gefroren und du kannst sie genießen.
- [ ] Gieße alles in einen Behälter für Eiswürfel und stelle ihn ins Gefrierfach.
- [ ] Presse zwei Apfelsinen und eine Zitrone aus.

1. Nummeriere die Teile des Rezepts in der richtigen Reihenfolge.
2. Schreibe das Rezept in der richtigen Reihenfolge auf.

Bananen-Milchshake

Das brauche ich:
eine Banane und 2 Gläser Milch,
Teller, Gabel, Glas, Rührbecher,
Schneebesen

1. Schau dir die Bilder an und schreibe das Rezept Schritt für Schritt auf.

Verwende dabei Satzanfänge wie: Danach … , Dann … , Nun … , Zum Schluss … .

So mache ich einen Bananen-Milchshake

Zuerst zerdrücke ich

* Denke dir ein lustiges Rezept aus, zum Beispiel für einen Zaubertrank oder eine Hexensuppe.

Hier kannst du den passenden Anfang einer Geschichte finden.

Der geheimnisvolle Teppich

☐ Letzte Nacht traf Boris im Traum eine seltsame Gestalt, die einen goldenen Anzug trug. Sie schenkte ihm einen kostbaren goldenen Koffer.

☐ Eines Nachts hatte Boris einen seltsamen Traum: Er fiel von seinem Kletterbaum und konnte nicht aufstehen. Alles um ihn herum drehte sich plötzlich und er schloss die Augen.

☐ Eines Nachts wachte Boris auf und ging in die Küche, um etwas zu trinken. Seltsam – das Wasser in der Flasche hatte sich rot verfärbt und machte komische Geräusche.

Als er die Augen wieder öffnete, saß er plötzlich auf einem wunderschönen bunten Teppich. Ob das ein fliegender Teppich ist?, dachte Boris und strich mit den Händen über die weichen Fasern. Da hob der Teppich ab und segelte mit dem Jungen über Bäume und Häuser. Zuerst hatte Boris große Angst und hielt sich mit beiden Händen fest. Bald aber gefiel ihm der Flug und er war gespannt, wo der Teppich landen würde …

1. Lies zuerst den Text im blauen Kasten. Achtung! Der Anfang fehlt!
2. Lies die drei Texte oben. Welcher passt als Anfang der Geschichte? Kreuze an.

Die abenteuerliche Landung

Zirkuswagen — klatschten — Kunststück — Teppich

Nach einiger Zeit landete Boris

mit dem fliegenden __________

direkt auf einem bunten __________.

„Das ist ja ein tolles __________!“,

riefen die Leute und __________ laut.

Immer mehr Leute kamen herbei.

1. Schreibe die richtigen Wörter in die Lücken.
2. Wie könnte die Geschichte ausgehen? Schreibe das Ende auf.

____

____

____

____

____

✲ Schreibe eine eigene Geschichte. Die Bilder können dich auf Ideen bringen.
ODER: Schreibe die ganze Geschichte von den Seiten 18 und 19 ab.

Aus einer Kinderzeitschrift

Im Frühling bringen viele Tiere ihre Jungen zur Welt. Warum ist das so? Es gibt überall auf der Welt mehr Nahrung in dieser Jahreszeit. Wenn die Tiermütter genug Futter haben, können sie in ihrem Körper viel Milch erzeugen. Damit werden die Tierkinder satt und können gut wachsen.
Auch im Zoo gibt es im Frühling neue Tierkinder, die meist viele Besucher anlocken.

1. Lies den Text.
2. Welche dieser Überschriften passt zum Text? Schreibe sie oben auf.

Der Frühling | Was gibt es Neues im Zoo? | Tierkinder im Frühling | Was Babys brauchen | Ich habe Tiere sehr gern | Wir gehen in den Zoo

3. Finde auch eine gute Überschrift für den folgenden Text.

Künftige Vogeleltern haben im Frühling viel zu tun. Sie suchen sich in Sträuchern und Bäumen passende Äste, zwischen denen sie ihr Nest bauen können. Es muss ein Platz sein, der nicht zu schnell zu sehen ist. Für den Nestbau verwenden sie ganz unterschiedliche Materialien: Gräser, kleine und große Äste, Blätter, Federn und Gras. Sogar Spinnweben und kleine Steinchen werden oft von den Tieren verwendet.

So stand es in der Zeitung

Einige Diebe hatten in der Nacht zu Montag offenbar großen Hunger. Sie brachen einen Imbisswagen auf und stahlen fünf Grillhähnchen, Bratfett und eine Hähnchenschere. Der Wert der Beute beträgt etwa 40 Euro.

Gelb wird es in dieser Woche beim Backhausfest in Langenbieber. Am Nachmittag findet nämlich ein Quietsche-Enten-Rennen auf dem Flüsschen statt. Enten gibt es für 5 Euro. Jeder kann teilnehmen!

Ein Mann in England verlor sein Handy beim Spazierengehen am Strand. Einige Tage später fing ein Fischer einen großen Kabeljau. Im Magen des Fisches fand er das Handy. Das Telefon stank zwar, funktionierte aber noch.

Sprechender Papagei verjagt Einbrecher

Hungrige Diebe stehlen Grillhähnchen

Bissige Tochter verhindert Überfall

Auf zum Enten-Rennen!

Fisch frisst Handy

Die große Aufregung

1. Welche Überschrift vom Rand passt? Trage ein.

2. Kreuze die richtigen Antworten an.

- ☐ Eine Überschrift soll neugierig machen.
- ☐ Eine Überschrift soll nicht zu viel verraten.
- ☐ Eine Überschrift soll möglichst lang sein.
- ☐ Eine Überschrift soll immer zu dem Text passen.
- ☐ Eine Überschrift soll witzig sein.

✱ Schreibe acht oder mehr Überschriften aus deinem Lesebuch oder aus der Zeitung ab, die dir besonders gut gefallen.

Hier kannst du Sätze einer Geschichte passend zu Bildern ordnen.

Die Laubhütte

1. Schau dir die Bilder genau an.
   Sie erzählen eine kleine Geschichte.

- ☐ Dann kriechen sie lachend in die Hütte hinein.
- ☐ Die Kinder stellen die Äste wie zu einem Tipi zusammen.
- ☐ Der Vater beschneidet die Sträucher im Garten.
- ☐ Viele Äste und Blätter liegen schon auf dem Boden.
- ☐ Till schlägt vor, mit den Ästen eine Hütte zu bauen.
- ☐ Die Kinder überlegen, was sie machen können.
- ☐ Oben befestigen sie eine kleine Fahne.

2. Nummeriere die Sätze
   in der richtigen Reihenfolge.
3. Schreibe die Sätze geordnet
   in dein Heft.
   Denke auch an die Überschrift.

Was könnte passiert sein?

1. Am Ende ist die Laubhütte kaputt. Was könnte hier passiert sein? Male es in den Rahmen.
2. Schreibe zu den beiden Bildern, was passiert ist.

✲ Male eine eigene Bildergeschichte und schreibe dazu.

Glück gehabt!

Tom und sein Freund Niko spielen
am Nachmittag auf der Wiese Fußball.
Tom schießt den Ball auf die Straße.
Niko will den Ball holen und rennt los.
„Da kommt ein Auto, pass auf!“,
ruft Tom seinem Freund zu. Aber Niko
hört ihn nicht und hat nur Augen für den Ball.
Das Auto bremst so laut, dass man es
in der ganzen Straße hört. Zum Glück
bleibt es knapp vor Niko stehen.
Der Autofahrer steigt aus …

1. Lies den Text.

   Wer spielt in der Geschichte mit?

   Wo spielt die Geschichte?

   Was passiert? Nenne das Wichtigste.

   Wann passiert es?

2. Beantworte die Fragen.
   Tipp: Unterstreiche vorher
   die Stellen im Text.
3. Was könnte der Autofahrer
   am Schluss zu Niko sagen?
   Schreibe es in die Sprechblase.

Hier kannst du aus einzelnen Ideen eine Geschichte machen.

Eine Geschichte aus dem Baukasten

Wer?	ein Kaninchen	ein Zauberer	ein Roboter	ein Junge oder Mädchen
Wo?	im Schloss	auf dem Fußball-platz	in der Schule	auf dem Reiterhof
Wann?	am 1. April	mitten in der Nacht	nach der Schule	am Geburts-tag

Was?

1. Suche dir zu jeder Frage einen Baustein aus. Male ihn an.
2. Schreibe auf, **was** passieren könnte.
   Es soll zu den angemalten Bausteinen passen.

* Schreibe deine Geschichte auf und unterstreiche die Teile, die zu den W-Fragen gehören.

Wie ich mich selbst einschätze

	Das kann ich gut!	Das kann ich ein bisschen!	Das übe ich noch!
Seite 12: Ich kann Bilder und Sätze einander passend zuordnen.			
Seite 13: Ich kann eigene Gedanken zu einer Geschichte aufschreiben.			
Seite 14 und 15: Ich kann Sätze in die richtige Reihenfolge bringen.			
Seite 16 und 17: Ich kann Rezepte in der richtigen Reihenfolge aufschreiben.			
Seite 18: Ich kann den Anfang einer Geschichte finden.			
Seite 19: Ich kann mir zu einer angefangenen Geschichte eine Fortsetzung ausdenken.			
Seite 20 und 21: Ich kann zu verschiedenen Texten gute Überschriften finden.			
Seite 22 und 23: Ich kann eine Bildergeschichte ergänzen und eine eigene erfinden.			
Seite 24 und 25: Ich kann eine Baukasten-Geschichte schreiben.			

1. Lies die Sätze in der Tabelle und kreuze an, was auf dich zutrifft.
2. Was hast du bisher in diesem Heft besonders gern gemacht? Schreibe es auf.

Was mir besonders gut gelungen ist

1. Meine beste Überschrift:

2. Mein schönster Satz:

3. Meine beste Idee handelt von:

4. Hier ist ein Bild zu meiner besten Idee.

Mein Lieblingstier

Mein Lieblingstier ist ______________________________.

1. Male dein Lieblingstier in den Rahmen. Ergänze dann den Satz.
2. Ergänze die Sätze über dein Lieblingstier.

Mein Tier frisst gern ______________________________.

Es braucht ______________________________.

Mir gefällt an ihm ______________________________.

Mein Tier hat ______________________________.

Hier kannst du zwei Rätsel lösen und ein eigenes Tierrätsel schreiben.

Tierrätsel

Mein Lieblingstier

Mein Tier frisst gern Möhren. Es braucht immer Heu und frisches Wasser. Mir gefällt an ihm besonders sein weiches Fell. Im Sommer steht sein Gehege im Garten.

Sina

Mein Lieblingstier

Mein Lieblingstier lebt im Meer. Es ist sehr verspielt und mag Menschen. Es lernt sogar Kunststücke. Mir gefällt an ihm besonders, dass es so ein kluges Tier ist.

Elias

1. Lies die Texte von Sina und Elias und schreibe auf, welche beiden Tiere gemeint sind.

2. Schreibe auch so ein Rätsel über dein Lieblingstier.

Mein Lieblingstier

3. Lass einen Partner raten, welches Tier gemeint ist.

* Schreibe über ein Tier, das du nicht magst.
Begründe auch, warum du das Tier nicht so toll findest.

Wo ist Milli?

Wer hat unsere Katze Milli gesehen?

Sie ist seit Samstag verschwunden!
Milli hat schwarzes Fell. Zwischen den Augen ist ein weißer Fleck. Auch ihre Pfoten sind weiß. Sie hat ein rotes Halsband mit einem grünen Kleeblatt daran.
Milli ist noch jung und sehr zutraulich.
Wir vermissen sie sehr!
Melden Sie sich bitte bei:
Max Baumann, Blockweg 5, Tel. 7609

Der Finder bekommt eine Belohnung!

1. Lies die Suchanzeige.
2. Unterstreiche die Textstellen, die wichtige Informationen enthalten.
3. Schreibe in Stichworten aus dem Text heraus, woran man Milli erkennen kann.

Noch mehr verschwundene Tiere!

1. Schau dir die Bilder genau an und schreibe in Stichworten auf, woran man jedes der beiden Tiere gut erkennt.

2. Schreibe eine Suchanzeige für eines der beiden Tiere.

✲ Schreibe eine Suchanzeige für einen Gegenstand, zum Beispiel deine Uhr, deine Mütze oder deine Geldbörse.

Was ist das?

Ich habe viele Blätter,
aber ich bin kein Baum.
Ich habe einen Rücken,
aber keinen Kopf.
Wenn mich niemand braucht,
stehe ich im Regal.

Ich habe einen Reißverschluss,
aber ich bin kein Kleidungsstück.
Wenn keine Ferien sind,
brauchst du mich jeden Tag.
Wenn es mich nicht gäbe,
müsstest du oft etwas suchen.

Ich bin aus Holz, aber ich bin
kein Schrank. Mich gibt es
in vielen Farben. Je öfter du
mich brauchst, desto kleiner
werde ich.

Ich bin meistens aus Metall.
Man nimmt mich in die Hand.
Ich bin scharf, aber ein Messer
bin ich nicht. Du kannst mit
mir tolle Sachen basteln.

Ich bin bunt und du
brauchst mich jeden Tag.
Meistens trägst du mich
auf deinem Rücken.
Du gehst jeden Morgen
mit mir in die Schule.

1. Lies die Rätsel und verbinde sie mit den richtigen Bildern.
2. Unterstreiche die Wörter, die dir beim Finden der Lösung geholfen haben.

Hier kannst du dir selbst ein Rätsel ausdenken und aufschreiben.

Mein eigenes Rätsel

1. Suche dir einen oder zwei Gegenstände aus und schreibe dazu eigene Rätsel.

Ich bin

2. Lies deine Rätsel einem Kind vor und lass es raten, was gemeint ist.

* Überlege dir selbst irgendeinen Gegenstand und schreibe ein Rätsel dazu. Lass es von einem Kind lösen.

Hier lernst du, welche Teile eine Einladung haben muss.

Julia lädt ein

Lieber Simon,

ich lade dich herzlich zu meiner Geburtstagsfeier ein.
Wir feiern am Samstag, dem 14. Februar,
von 15.00 Uhr bis 18.00 Uhr
bei mir zu Hause in der Tulpenstraße 12.
Es soll ein Gruselfest werden.
Verkleide dich deshalb bitte als Vampir!
Ruf mich bitte bis Samstag an, ob du kommst!

Deine Julia

Telefon: 577780

1. Lies die Einladung.
2. Ergänze die Sätze.

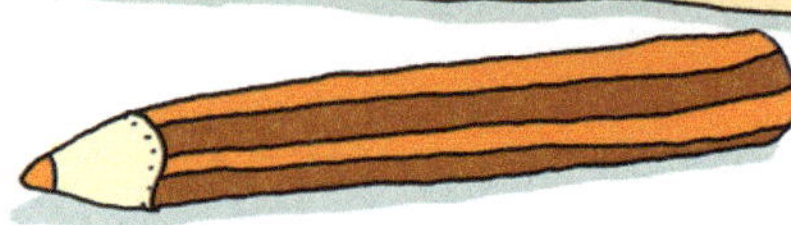

Julia lädt zu ihrer ______________________ ein.

Die Feier ist am ______________________ bei

______________________________________ .

Es soll ein ______________________ werden,

deshalb soll Simon sich als ______________________ verkleiden.

Simon soll um ____________ Uhr da sein.

3. Welche Angaben gehören in eine Einladung? Kreuze an.

- ☐ für wen die Einladung ist
- ☐ wann man da sein soll
- ☐ Ort
- ☐ Dauer des Festes
- ☐ Telefonnummer des einladenden Kindes
- ☐ welches Essen es gibt
- ☐ welche Geschenke man möchte
- ☐ was genau stattfinden soll
- ☐ Unterschrift des einladenden Kindes
- ☐ bis wann man eine Rückmeldung erwartet

Hier kannst du eine Einladung für ein Fest schreiben und gestalten.

Eine Einladung schreiben und gestalten

1. Suche dir ein Fest aus.
   Schreibe dazu eine Einladung und
   male den Schmuckrahmen passend an.

✱ Denke dir ein Fest aus und schreibe eine schöne Einladung.
Du kannst auch eine Karte basteln.

Hier kannst du ein Gedicht lesen und Ideen für ein eigenes Gedicht sammeln.

Jede Jahreszeit ist schön!

Im Sommer

Ich rieche die Blumen im Garten.
Ich esse ein großes Eis.
Ich spiele mit meinen Freunden
und blinzele der Sonne entgegen.
Der Sommer ist schön!

1. Lies das Gedicht.
2. Schreibe eigene Sätze zu anderen Jahreszeiten.

Im Frühling
Ich fahre Fahrrad.
Ich

Im

ein reimloses Gedicht lesen, Sätze für einen Analogtext zusammenstellen

Mein Jahreszeiten-Gedicht

Im ______________

Ich ____

____

Ich ____

____

Ich ____

und ____

Der ______________ ist ______________ !

1. Schreibe ein eigenes Gedicht über eine Jahreszeit.
   Tipp: Verwende die Sätze von der vorherigen Seite!
2. Male einen schönen Rahmen um dein Gedicht.
   Er soll zur Jahreszeit passen.
3. Lest euch eure Gedichte gegenseitig vor.

✲ Schreibe ein ähnliches Gedicht.
Hier sind einige mögliche Überschriften.

Die Zeilen deines Gedichtes müssen sich nicht reimen!

Im Schwimmbad

In den Ferien

In der Pause

In unserem Garten

In der Schule

Ball der Tiere

~~Nachtigall~~ | Wanzen | Wespen | Floh | Maus | Schwein | Pudeln | Finken | Stier

Mich dünkt, wir geben einen Ball!
Sprach Frau Nachtigall.

So?
Sprach der ______.

Was werden wir essen?
Sprachen die ______.

Nudeln!
Sprachen die ______.

Was werden wir trinken?
Sprachen die ______.

Bier!
Sprach der ______.

Nein, nein!
Sprach das ______.

Wo werden wir tanzen?
Sprachen die ______.

Im Haus!
Sprach die ______.

Unbekannter Verfasser

1. Setze die Tiere von oben so ein, dass sich die Zeilen reimen.
   Tipp: Zwei Wörter reimen sich nicht so gut!
2. Unterstreiche die Reimwörter.
3. Lies die Zeilen des Gedichts mit einem Kind im Wechsel.

vorgegebene Reimwörter in ein Gedicht einfügen, Gedicht mit einem Partner laut lesen

Hier kannst du ein Gedicht mit Tieren weiterschreiben.

Lustige Reime

Es war einmal ein Schwan,
der liebte einen Hahn.

Es war einmal ein Stier ,
der spielte gern ______ .

Klavier

Es war einmal ______ ,
die ______ .

Meise

Reise

Es ______ ,
die ______ .

Eule

Geheule

Es ______ ,
der ______ .

Biber

Fieber

Es ______ ,
der ______ .

Affe

Giraffe

Es ______ ,
der ______ .

Igel

Spiegel

1. Schreibe das Gedicht mit den Reimwörtern weiter.

✲ Erfinde selbst solche Reime mit Tieren. Du kannst die Tiere auch dazu malen.

Ein Rätsel und eine Einladung schreiben

1. Wähle einen Gegenstand aus deinem Zimmer und schreibe ein Rätsel dazu.

2. Lass ein Kind raten, was gemeint ist.

Zur großen Gespensterparty am Mittwoch
lade ich dich herzlich ein. Es wird lustig!
Liebe Grüße von Luis

3. Schreibe die Einladung verbessert auf.

Ein Gedicht schreiben

Eine Leiter

hoch klettern
höher klettern
noch höher klettern
Da oben ist ein Vogel.
Er singt ein frohes Lied.

1. Lies das Gedicht und schau dir die Länge der Zeilen an.
2. Wo kletterst du hoch und was könnte dort oben sein? Schreibe mit deinen Ideen ein ähnliches Gedicht.

Baum | Berg | Mauer | Turm | Rutsche

Hier lernst du, was ein Akrostichon ist und wie du eines schreiben kannst.

Aus Namen ein Gedicht machen

Mama

Morgens weckt sie mich mit einem Kuss.
Ananas mag sie besonders gern.
Manchmal holt sie mich von der Schule ab.
Alt ist sie noch lange nicht.

1. Lies das Akrostichon.

Macht mit mir Hausaufgaben.	**A**chterbahnfahren mag sie nicht.
Mag Fahrradfahren und Wandern.	**A**m liebsten trinkt sie Tee.
Mistet mit mir den Hasenstall aus.	**A**bends bringt sie mich ins Bett.
Macht den besten Erdbeerkuchen.	**A**m Dienstag singt sie im Chor.
Mit meinem Papa spielt sie Tennis.	**A**rbeitet, wenn ich in der Schule bin.
Manchmal nerve ich sie.	**A**cht Jahre sorgt sie schon für mich.

2. Unterstreiche alle Sätze im Kasten, die auch zu deiner Mama passen.

3. Schreibe mit den unterstrichenen Sätzen ein Akrostichon.
ODER: Schreibe ein Akrostichon mit eigenen Sätzen über deine Mama.

Mama

M ______________________

A ______________________

M ______________________

A ______________________

Hier kannst du ein Akrostichon über dich selbst schreiben.

So bin ich

Meine Lieblingsfarbe ist grün.
Am liebsten spiele ich mit Aaron.
Rad fahre ich gern.
Von Opa lernte ich schwimmen.
Ich habe einen kleinen Hasen.
Nachts träume ich oft.

Hubert heißt mein Papa.
Anna ist meine Nachbarin.
Nudeln esse ich sehr gern.
Nie will ich abends ins Bett.
Affen finde ich lustig.

1. Lies die Texte.
2. Zeichne zunächst für jeden Buchstaben deines Namens eine Schreiblinie ein. Schreibe dann ein Akrostichon mit deinem Namen.

✲ Schreibe ein Akrostichon über deinen Papa, deine Oma oder einen Freund. Gestalte es als Schmuckblatt und verschenke es.

Hier stimmt was nicht!

Das Mädchen und die Fee

Es war einmal ein altes Mädchen von acht Jahren. Es lebte mit seinen Eltern in einer riesigen Hütte, die nur einen einzigen Raum hatte. Oft wünschte sich die Familie, in einem schnellen Haus zu wohnen, doch sie hatten kein Geld!
Die Eltern waren sehr glücklich, dass sie dem Kind keine Wünsche erfüllen konnten. Und so kamen sie auf die Idee, eine böse Fee um Hilfe zu bitten. Doch um diese zu rufen, musste man die ängstliche Vogelfeder besitzen. Und diese konnte man nur hinter dem fröhlichen Zauberwald finden …

1. Lies das Märchen vom Mädchen und der Fee.
2. Welche Wörter passen nicht in den Text? Unterstreiche sie.
3. Wie könnten das Mädchen, die Fee und der Zauberwald sein? Schreibe einige passende Wiewörter auf.

Das Mädchen ist:	Die Fee ist:	Der Zauberwald ist:
klein	freundlich	
schlau		

 unpassende Adjektive in einem Märchentext ermitteln, passende Adjektive zusammenstellen

Hier kannst du passende Wörter in ein Märchen einsetzen und es weiterschreiben.

Das Mädchen und die Fee

Es war einmal ein

1. Schreibe das Märchen von der Seite 44 mit passenden Wiewörtern auf.

✲ Schreibe das Märchen weiter und finde einen Schluss.
Lies dein Märchen auch jemandem vor.

Hier übst du, Reime zu erkennen und witzige Reime zu bilden.

Zwicke-Reime

Zwicke zwein in das Bein

Zwicke zwie in das Knie

Zwicke zwarm in den Arm

Zwicke zwauch in den Bauch

Zwicke zwand in die Hand

Zwicke zwacke in die Backe

Zwicke zwals in den Hals

Zwicke zwase in die Nase

Jürgen Spohn

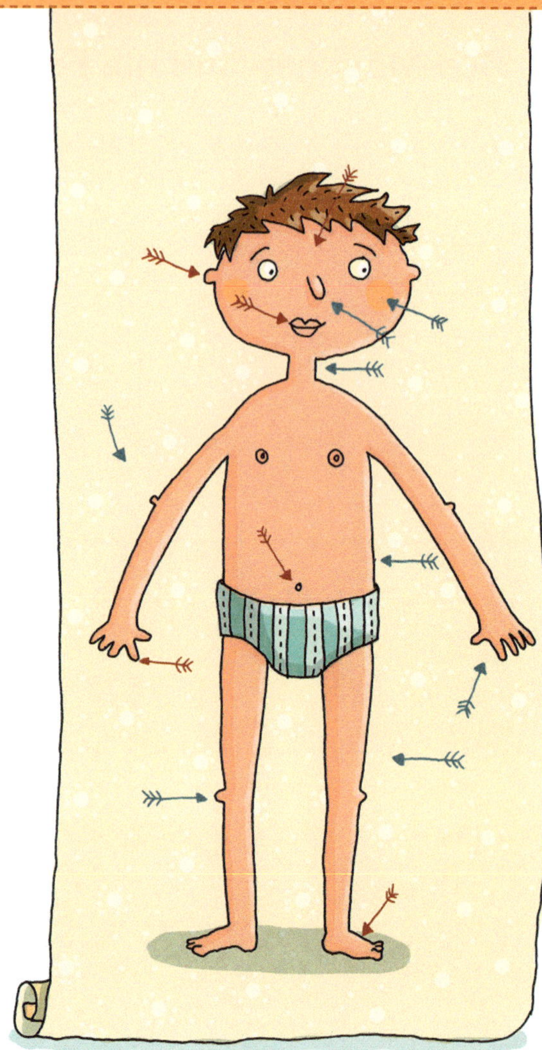

1. Lies das Gedicht.
2. Unterstreiche im Gedicht immer die beiden Wörter, die sich reimen.
3. Setze passende Reimwörter ein.

Zwicke zwohren
in die ______

Zwicke zwinger
in den ______

Zwicke zwabel
in den ______

Zwicke zwuß
in den ______

Zwicke zwirn
in die ______

Zwicke zwippe
in die ______

das Prinzip sprachspielerischer Reime erkennen und zum eigenen Reimen nutzen

Wer wird denn hier gezwickt?

Zwicke zwund

in den

Zwicke zwatze

in die

Zwicke zwans

in die

Zwicke zwigel

in den

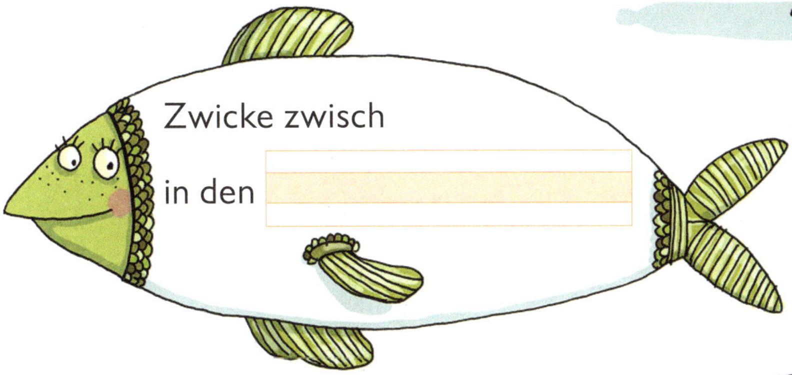

Zwicke zwisch

in den

Zwicke zwamster

in den

Zwicke zwaus

in die

Zwicke

in die

1. Lies die angefangenen Zwicke-Reime und ergänze sie.
2. Schreibe zwei eigene Zwicke-Reime mit Tieren oder Gegenständen auf.

✲ Schreibe einige Sätze oder eine Geschichte mit Zwicke-Reimen,
z.B.: Zwicke zwimmbad – Ich gehe ins Schwimmbad.
Zwicke zwunger – Dann kriege ich Hunger.

Was ist dir gut gelungen?/Ein Akrostichon schreiben

- ein Akrostichon über meine Mama schreiben
- ein Akrostichon zu meinem Namen schreiben
- passende Adjektive für ein Märchen finden
- ein Märchen weiterschreiben
- Reimwörter erkennen und selbst finden
- Zwicke-Reime schreiben

1. Was ist dir gut gelungen, was weniger gut?
   Male die passenden Smileys an.
2. Schreibe ein Sommer-Akrostichon und verziere die Anfangsbuchstaben.

S üße Kirschen hängen am Baum.

O

M

M

E

R

Passende Wiewörter und Reime finden

Theos Kuscheltier
Das Kuscheltier hat ein ~~wuscheliges~~ Fell.
Es ist schwarz mit grünen Flecken. Sein Schwanz ist kurz.
Es hat einen dünnen Bauch und leider zwei Löcher.

1. Lies den Text und schau dir das Bild an.
Sechs Wörter passen nicht. Streiche sie durch.

2. Schreibe den Text neu. Setze dabei passende Wörter ein.

Die Feder

Ein Federchen flog übers Land;
Ein Nilpferd schlummerte im Sand.
Die Feder sprach: „Ich will es wecken!"
Sie liebte, andere zu necken.

Aufs Nilpferd setzte sich die Feder
Und streichelte sein dickes Leder.
Das Nilpferd sperrte auf den Rachen
Und musste ungeheuer lachen.

Joachim Ringelnatz

3. Lies das Gedicht und übermale die Reimwörter jeweils in einer Farbe.

Hier kannst du üben, passende Satzanfänge für eine Geschichte zu finden.

Unser Angsthase

Gestern Nacht bin ich aufgewacht.

Es blitzte und donnerte ganz schrecklich!

Dann schnaufte etwas an meinem Ohr.

Dann merkte ich, dass unser Hund ganz aufgeregt vor meinem Bett stand.

Dann habe ich mit ihm geredet und ihn gestreichelt.

Dann durfte er vor meinem Bett schlafen.

Plötzlich …

Da …

Deshalb …

Schließlich …

1. Lies den Text und unterstreiche die Satzanfänge, die gleich sind.
2. Schreibe den Text mit den anderen Satzanfängen auf den Wortkärtchen auf.

Gestern Nacht

3. Unterstreiche die Satzanfänge in deinem Text.

Hier kannst du üben, die Sätze in einer Geschichte umzustellen.

Im Zirkus

Im Zirkus war ein lustiger Clown.

Er versuchte zuerst, auf ein Pferd zu steigen.

Er konnte es leider nicht schaffen.

Er nahm sich dann einen Stuhl.

Er fiel aber über die Lehne.

Er schimpfte wütend über sich selbst.

Er nahm am Schluss eine Leiter.

1. Lies den Text über den Clown.
2. Die Sätze fangen leider fast alle gleich an. Stelle sie um und schreibe den Text mit den umgestellten Sätzen auf.

Im Zirkus war ein lustiger Clown.

Zuerst versuchte er,

3. Unterstreiche die Satzanfänge, die du gefunden hast.

* Schreibe weiter, was mit dem Clown passiert sein könnte.
ODER: Schreibe auf, was du schon einmal im Zirkus erlebt hast.
Tipp: Achte auf die Satzanfänge!

Das kleine Gespenst

U
~~um~~ Mitternacht ist Geisterstunde das kleine Gespenst will heute mit seiner Mama ein paar Leute erschrecken es freut sich schon sehr auf den Ausflug um Null Uhr fliegen sie los es ist stockdunkel und sehr kalt aber was ist das lauter Hexen auf ihren Besen fliegen am Himmel da kriegt das kleine Gespenst Angst solche Hexen hat es noch nie gesehen es fängt laut an zu weinen und möchte ganz schnell mit seiner Mama in das alte Schloss zurück

1. Finde die Sätze und trage neun Punkte und ein Fragezeichen ein.
2. Verbessere die Satzanfänge und schreibe sie mit großem Anfangsbuchstaben.
3. Schreibe das Ende der Geschichte auf.

4. Schreibe die ganze Geschichte richtig ab.

So stelle ich mir das kleine Gespenst vor

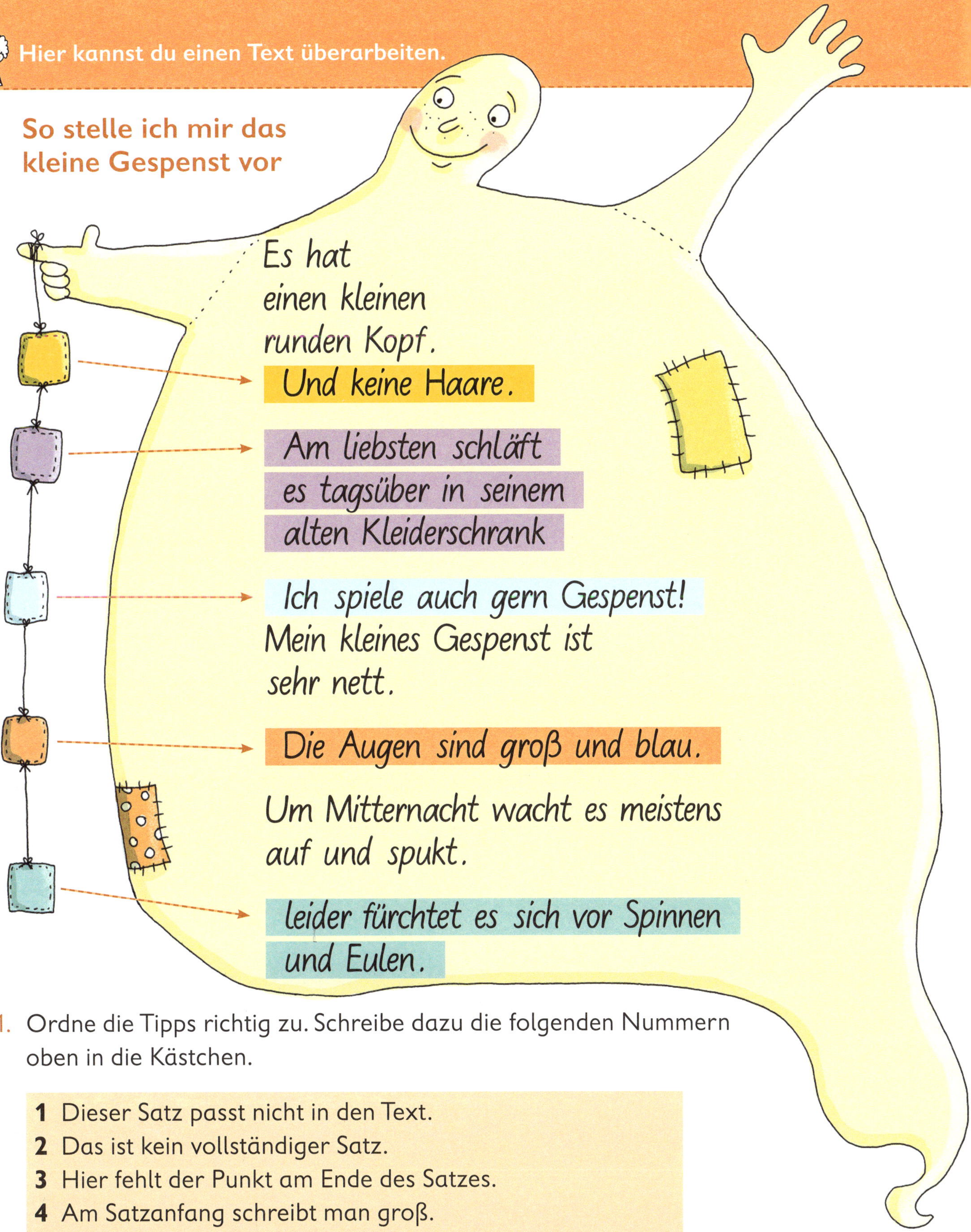

Es hat
einen kleinen
runden Kopf.
Und keine Haare.

Am liebsten schläft
es tagsüber in seinem
alten Kleiderschrank

Ich spiele auch gern Gespenst!
Mein kleines Gespenst ist
sehr nett.

Die Augen sind groß und blau.

Um Mitternacht wacht es meistens
auf und spukt.

leider fürchtet es sich vor Spinnen
und Eulen.

1. Ordne die Tipps richtig zu. Schreibe dazu die folgenden Nummern oben in die Kästchen.

1 Dieser Satz passt nicht in den Text.
2 Das ist kein vollständiger Satz.
3 Hier fehlt der Punkt am Ende des Satzes.
4 Am Satzanfang schreibt man groß.
5 Dieser Satz passt besser an einer anderen Stelle.

2. Schreibe den Text überarbeitet auf.

✻ Beschreibe ein anderes seltsames Wesen, z. B. ein Monster oder eine gute Fee.

Paul schreibt über sein Lieblingsbuch

Mein Lieblingsbuch
Mein Lieblingsbuch ist
~~ist~~ ein Buch über Wolken Kratzer.
Man kann sich darin Hochhäuser
aus verschiedenen Ländern anschauen
und lesen, wie sie gebaut
wurden. In Deutschland
gibt es zum Beispiel in
Frankfurt besonders ~~viele~~ viele
~~Hochheuser~~ ~~Hochha~~
Hochhäuser.

Mein Lieblingsbuch

Mein Lieblingsbuch ist
ein Buch über Wolkenkratzer.
Man kann sich darin Hochhäuser
aus verschiedenen Ländern anschauen
und lesen, wie sie gebaut
wurden. In Deutschland
gibt es zum Beispiel in
Frankfurt besonders viele
Hochhäuser.

1. Schau dir Pauls Texte genau an. Was fällt dir auf?
2. Welche Tipps hat Paul bei der Überarbeitung beachtet? Kreuze an.

- ☐ Unterstreiche die Überschrift!
- ☐ Unterstreiche die Überschrift nicht!
- ☐ Schreibe möglichst schnell!
- ☐ Schreibe in Schönschrift!
- ☐ Streiche möglichst nichts durch!
- ☐ Du kannst ruhig etwas durchstreichen!
- ☐ Schreibe über den Rand!
- ☐ Schreibe nicht über den Rand!
- ☐ Schreibe genau auf die Linien!
- ☐ Achte nicht auf die Linien!
- ☐ Verziere den Rand deines Blattes!
- ☐ Verziere das Blatt lieber nicht!

3. Schreibe einen eigenen Tipp auf.

* Schreibe eine Stelle aus deinem Lieblingsbuch auf und gestalte sie mit den angekreuzten Tipps.

Tipps zum Vorlesen

Ausflug in den Wildpark

Am Dienstag besuchten wir mit unserer Klasse den Wildpark.
Gleich hinter dem Eingang sahen wir mehrere Rehe,
die frei herumliefen. Wir gingen vorsichtig
auf sie zu und hielten ihnen Maiskörner
aus unseren Futtertüten hin.
Ob sie uns aus der Hand fressen würden?
Zwei Rehe kamen wirklich ganz nah an uns heran.
Sie schnupperten und fraßen dann vorsichtig
die Körner aus unseren Händen. Das kitzelte ein bisschen!
Nun gingen wir zum Wildschweingehege. Die Tiere hatten dort
den ganzen Boden zerwühlt und sahen ziemlich schmutzig aus.
Ziegen und kleine Ponys konnte man in einem anderen Gehege
besuchen und streicheln. Auch sie waren sehr hungrig.
Eine Ziege biss sogar ein Loch in die Futtertüte!
Zum Schluss frühstückten wir auf einem großen Spielplatz.

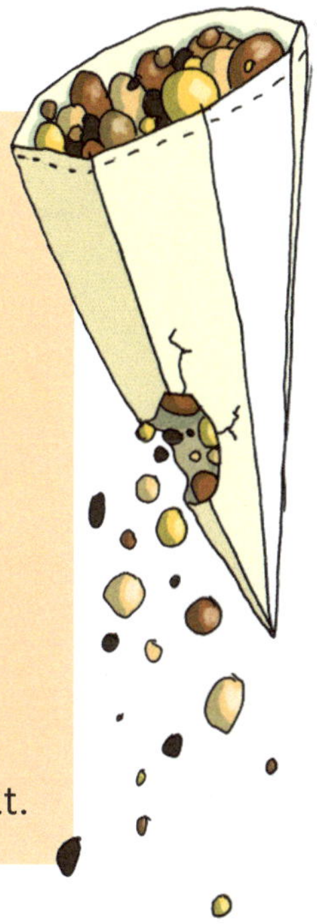

So gelingt das Vorlesen

- Ich teile den Text mit Linien in Abschnitte ein.
- Ich lese jeden Abschnitt erst leise, dann mehrmals halblaut, bis ich ihn sicher und flüssig lesen kann.
- Ich unterstreiche Wörter, die ich betonen will.
- Ich achte auf Fragen und Ausrufe.
- Nun lese ich meinen Text laut und deutlich vor.
- Die Zuhörer sagen mir anschließend, was ihnen gefallen hat.

1. Lies den Text und die Tipps zum Vorlesen.
2. Teile den Text mit Linien in Abschnitte ein.
3. Übe das Vorlesen des Textes mit den Tipps.
4. Lies den Text einem Kind oder einer Gruppe vor.
   Vielleicht haben deine Zuhörer auch noch einen guten Tipp für dich.

Schreibtrainer 2

Texte planen, schreiben, überarbeiten und präsentieren – Bildungsstandards erreichen

Erarbeitet von
Christine Berthold
Gisela Dorst
Sabine Krönert

Redaktion: Martina Schramm
Illustration: Stefanie Jeschke
Umschlaggestaltung: Klein & Halm Grafikdesign, Berlin
Layout und technische Umsetzung: Marina Goldberg

Quellenverzeichnis

S. 46 Jürgen Spohn: Zwicke zwacke. Aus: Der große Spielbaum. C. Bertelsmann Verlag, München 1979.
S. 48 Joachim Ringelnatz: Die Feder. Aus: Sämtliche Gedichte. Diogenes Verlag, Zürich 1997.

Es ist uns trotz intensiver Bemühungen bis Drucklegung leider nicht gelungen, alle Rechteinhaber zu ermitteln. Wir bitten in diesen Fällen darum, sich an den Verlag zu wenden.

www.cornelsen.de

1. Auflage, 1. Druck 2010

Druck: Himmer AG, Augsburg

ISBN 978-3-06-083127-2

Inhalt gedruckt auf säurefreiem Papier aus nachhaltiger Forstwirtschaft.